# NOTE

SUR

# LES THERMES ROMAINS

## DE ROYAT

PAR

## Le Docteur FREDET

PARIS

A. PARENT, IMPRIMEUR DE LA FACULTÉ DE MÉDECINE

A. DAVY, successeur

52, RUE MADAME ET RUE MONSIEUR-LE-PRINCE, 14

—

1883

AF263373

# NOTE

SUR LES

# THERMES ROMAINS DE ROYAT

# NOTE

## SUR

# LES THERMES ROMAINS

## DE ROYAT

PAR

**Le Docteur FREDET**

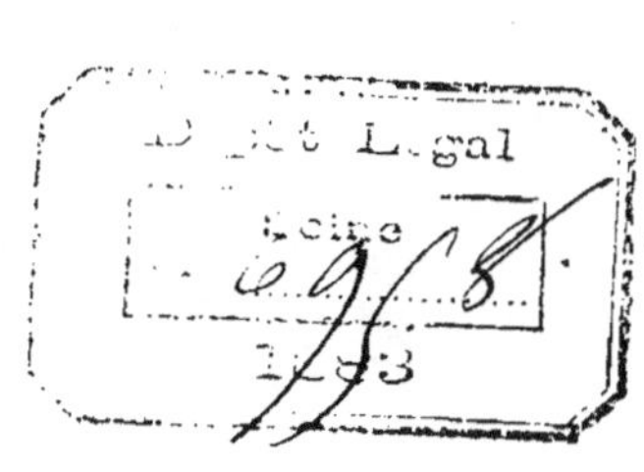

PARIS

A. PARENT, IMPRIMEUR DE LA FACULTÉ DE MÉDECINE

A. DAVY, successeur

52, RUE MADAME ET RUE MONSIEUR-LE-PRINCE, 14

1883

# NOTE

SUR

# LES THERMES ROMAINS

## DE ROYAT (1)

J'ai l'honneur de mettre sous vos yeux quelques planches représentant les piscines romaines de Royat (Puy-de-Dôme), dans l'état où les ont laissées les fouilles de l'année 1882, et donnant la représentation exacte de poteries, conduites, marbres divers, chapiteaux, plinthes, etc..., trouvés dans ces fouilles (2).

La planche n° 1, obtenue d'un lieu élevé, du viaduc du chemin de fer Clermont-Tulle qui passe au-dessus de ces ruines, vous représente l'ensemble de ces constructions dont le dé-

---

(1) Lue à la Société de médecine pratique, séance du 19 avril 1883, par le D<sup>r</sup> FREDET, membre correspondant.

(2) De nouvelles fouilles pratiquées depuis l'impress ion de ce tra vail ont commencé à mettre à jour, suivant nos prévisions, une autre piscine à gradins, dans la partie sud-ouest des Thermes.    E. F.

PLANCHE 1.

blaiement n'a pas été heureusement conduit et n'est pas encor achevé.

Sur cette planche, vous voyez la totalité des fouilles et tout ce que la pioche a découvert sur l'ancien établissement romain : soit une série de bassins ou de piscines de grandeur et de construction différentes et un grand nombre de chambres ou pièces plus petites situées au delà des piscines.

Ces bassins ou piscines sont au nombre de trois, de forme rectangulaire, de même niveau ; la deuxième et troisième piscine ont leur axe principal dirigé dans le même sens ; la piscine centrale a son axe perpendiculaire à ceux des deux autres.

Ces piscines, dont les parois et les degrés étaient de marbre, présentent comme dimension les chiffres suivants : la première, ou celle la plus rapprochée du viaduc, a 10 mètres de long sur 7$^m$,55 de large, elle est munie de deux gradins circulaires et présente sur son côté occidental une retraite semi-circulaire dont la flèche est de 0$^m$,90 et la corde de 1$^m$,80. Ce bassin devait être très luxueux, si l'on en juge par la qualité du marbre blanc le plus pur qui formait le sol, les gradins et les pourtours ; il ne devait en outre renfermer que de l'eau ordinaire froide ou chaude, à cause de l'absence de dépôts minéraux observée sur les parois, tandis que nous en retrouvons des quantités sur les murs des autres piscines.

La seconde piscine ou piscine centrale de 6$^m$,50 de large sur 10$^m$,50 de long est rectangulaire aussi. Elle n'offre pas de gradins circulaires comme les deux autres, et présente seulement 3 degrés au couchant pour permettre d'y descendre. La hauteur est de 1$^m$,25.

La troisième piscine a 16 mètres de long sur 8 mètres de large ; elle a deux gradins circulaires et deux retraites semi-circulaires comme dans la première piscine, sur son côté occidental : ces retraites ont 1$^m$,25 de hauteur, d'une flèche et d'une corde identiques à la première, et leur extrémité supérieure est garnie d'un dallage de marbre blanc d'une pureté remarquable, dans lequel dallage ont été soudées au plomb des

PLANCHE 2.

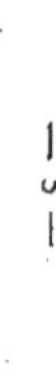

tiges de fer assez fortes qui devaient supporter ou des tentures ou une partie de l'édifice.

Sur les parois de ces deux bassins on observe une couche épaisse de sédiments minéraux dont la contexture et la composition chimique sont identiques à celles que l'on observe aujourd'hui sur les parois des baignoires modernes et qui démontrent la similitude de composition des eaux minérales employées alors avec celles utilisées de nos jours. Ces amas sont constitués par des dépôts de carbonate calcaire arsénico-ferreux.

Ces trois piscines reposent sur des murs de maçonnerie en appareil supportant une sorte de voûte ou plafond en beton constituant le sol même des bassins.

Des portes de 1$^m$,50 de large, à montants de marbre blanc, facilitaient la communication entre ces diverses pièces et autour d'elles, sur leur pourtour, on voit encore des divisions qui devaient former autrefois des cabinets permettant aux baigneurs de s'y déshabiller et d'y déposer leurs vêtements.

Des canaux de 0$^m$,25 de largeur courent le long des piscines : ces canaux servaient à amener l'eau minérale, comme l'indique le dépôt observé sur leurs parois.

Séparées par un mur épais des piscines, et sur une ligne parallèle, on voit une série de chambres de dimensions différentes, communiquant entre elles par des portes de 1$^m$,25 de large. La plupart de ces chambres formaient les hypocaustes ou fourneaux souterrains qui chauffaient les bains et fournissaient dans les thermes romains de l'air chaud au laconicum. Les parois de ces chambres sont aussi construites en appareil ; les fourneaux en briques à plat, la plupart cintrés, et les gaines des cheminées sont en briques creuses de dimensions différentes, avec ouvertures latérales et recouvertes de rainures faites avec un instrument spécial, rainures que l'on retrouve sur toutes les briques ayant servi à la construction des thermes de Royat (voir pl. n° 4).

La plupart de ces tuyaux sont noircis par la fumée et incrustés de suie ; tous ces divers corps de bâtiments devaient être primitivement recouverts de voûtes à mosaïques variées, comme l'in-

PLANCHE 3.

diquent les débris trouvés. Ces mosaïques étaient constituées par de petits cubes de marbre et de verre de diverses couleurs. Enfin, le long des piscines et de leurs galeries, se dressaient des entablements de marbre blanc avec frises ou soubassements sculptés ornés demoulures, comme on peut en voir des spécimens dans les planches n° 2 et n° 3; on y trouve là certains ornements que l'on pourrait appeler pompéïens, et qui appartiennent surtout à l'époque d'Auguste.

En dehors des marbres et des mosaïques, on a trouvé une grande quantité de fragments de vases en terre ou en verre, et des médailles ou pièces de monnaie à l'effigie des Antonins.

Au-dessus des hypocaustes (1), devaient exister des salles de vaporarium et de sudatorium. Ces hypocaustes occupaient probablement le centre des thermes, comme cela était d'usage à Rome ; aussi suis-je convaincu que des fouilles pratiquées au delà feraient découvrir de nouvelles galeries ou de nouvelles salles.

RECONSTITUTION IDÉALE DE CES THERMES.

Ces thermes devaient former un long rectangle de 50 à 60 mètres de long sur 30 à 40 de large, et l'entrée devait se trouver là où existe en ce moment le magasin d'embouteillage de l'établissement thermal. C'est là que devaient être les portes spéciales pour les clients habituels, les esclaves et les femmes ; les latrina, l'atrium, les sièges de pierre pour les esclaves, l'apodyterium; c'est de cette sorte de vestibule que l'on pénétrait, soit dans le frigidarium (1re piscine), ou le baptisterium ou autres piscines avec gradins remplis d'eau thermo-minérale.

Les diverses loges dont on retrouve les traces et les lignes

---

(1) Dans les thermes de Sanxey, découverts par le P. de la Croix, les hypocaustes étaient placés sous les piscines qui recevaient ainsi directement l'action du feu. Les piscines de Royat, au contraire, étaient indépendantes des hypocaustes, parce qu'elles se remplissaient d'eau naturellement thermale.

PLANCHE 4.

de démarcation autour des piscines devaient être sous la garde du capsarius ou esclave chargé de la garde des vêtements, le vol des habits, disent Plaute et Ovide, étant très fréquent dans les bains publics. Dans quelques-uns de ces compartiments, devaient se trouver les parfums, et c'est là que l'on se faisait frotter avec le strigile et oindre après le bain.

Au-dessus des hypocaustes, la température des salles était maintenue par la chaleur des brasiers ou des calorifères, et enfin le tout devait être complété par les salles de bains, salon de conversation, bibliothèque, galerie de tableaux, gymnase ou corridors couverts pour le jeu ou la promenade, comme on l'observait à Rome, dans les thermes de Titus, de Dioclétien et de Caracalla.

### ORIGINE.

On peut faire remonter la date de construction de ces thermes, qui devaient avoir une importance considérable, à l'occupation romaine dans les Gaules, c'est-à-dire aux quatre premiers siècles de notre ère.

Les thermes de Royat n'étaient d'ailleurs pas les seuls de la province, puisqu'il en existait au Mont-Dore et à Néris.

Royat se trouvait, en effet, sur la route de Lugdunum à Burdigala (via romana, voie ferrée de la vallée de Villars), près de l'ancienne Augusto-Nemetum, aujourd'hui Clermont, et ce devait être un lieu de passage, de repos et de traitement pour les légions romaines parcourant la Gaule.

Déjà, en 1843, lors du captage de la source Eugénie, on mit à découvert d'autres restes, notamment une piscine carrée de 4 mètres de côté divisée en deux compartiments ; une autre enceinte carrée ayant 4$^m$,50 de côté, dans le milieu de laquelle était inscrit un bassin hexagone de pierre de grès formant banc et gradin, enfin, une chambre voûtée, des fûts de colonne de marbre blanc et divers pavés ou revêtements en marbres de couleur. Ces diverses pièces séparées des piscines mises à jour ré-

cemment devaient faire partie du même établissement, et remon-
tent aussi à l'époque romaine.

Tout indique donc que les Romains avaient, à Royat, des
thermes considérables et les tables de Peutinger, dressées sous
le règne d'Honorius et d'Arcadius, signalent des établissements
thermaux sous ces noms : aquis neris, aquis calidis et Augusto-
Nemetum. Cette dernière qualification doit évidemment dési-
gner Royat.

Puis les invasions des barbares sont survenues, qui ont fait
des thermes de Royat ce qu'elles ont fait du temple du Mercure
Wasso, élevé sur le sommet du Puy-de-Dôme : tout a été sac-
cagé, renversé, jeté à bas ; pas une pierre n'est restée debout et
sur les ruines les abbayes se sont bâties, l'herbe et les ronces
ont poussé, et c'est le hasard, le hasard seul qui a remis sous
nos yeux les vestiges d'une civilisation raffinée, ces substruc-
tions gigantesques qui permettent de juger, d'après leurs débris,
le degré de force et de puissance des anciens maîtres du monde.

Paris. — A. PARENT, imprimeur de la Faculté de médecine, A. DAVY, successeur,
52, rue Madame et rue Monsieur-le-Prince, 14.

Paris. — Typ. A. Parent, A. Davy, succr, impr. de la Fac. de méd.,
14, rue Monsieur-le-Prince et rue Madame, 52.

www.ingramcontent.com/pod-product-compliance
Lightning Source LLC
Chambersburg PA
CBHW050729070726
47597CB00009B/3850